My Totally Sane and Completely Rational Thoughts and Actions

Date: _____

Date: _____

Date: _____

Date:

Date:

Date:

Date: _____

Date:

Date:

Date:

Date:

Date:

Date:

Date:

Date: _____

Date: _____

Date:

Date:

Date: _____

Date:

Date:

Date:

Date: _____

Date:

Date:

Date: _____

Date:

Date:

Date:

Date:

Date: _____

Date:

Date:

Date:

Date: _____

Date:

Date:

Date:

Date:

Date:

Date:

Date:

Date:

Date:

Date: _____

Date:

Date:

Date:

Date: _____

Date:

Date:

Date:

Date:

Date: _____

Date:

Date:

Date:

Date:

Date:

Date:

Date: _____

Date:

Date:

Date: _____

Date:

Date:

Date:

Date:

Date: _____

Date: _____

Date: _____

Date: _____

Date:

Date:

Date:

Date:

Date:

Date:

Date: _____

Date:

Date: _____

_____
_____
_____
_____
_____
_____
_____
_____

Date: _____

_____
_____
_____
_____
_____
_____
_____
_____
_____
_____
_____

Date:

Date:

Date:

Date:

Date:

Date:

Date:

Date:

Date:

Date:

Date:

Date:

Date:

Date: _____

Date:

Date: _____

And that wasn't crazy at all...